Elämän vuoksi

Elämän vuoksi

Elämän vuoksi

Lukijalle

Ystäväni *Leila Kastelli* tutustui runoteoksiini vuosilta 2014-2015 *Elämän kaarella, Elämän tyrskyissä, Elämän pisaroita, Elämän sylissä ja Väärän kuninkaan* maa, joka on omistettu syöpää sairastaville ja edesmenneille ystävilleni.

Kirjat luettuaan hän esitti toiveen saada koota mieleisiään runoja yhdeksi teokseksi. Pyyntö oli minulle mieleen ja niinpä hän ryhtyi toimeen. Runokirja, jonka on kuvittanut tyttäreni tytär *Elli Mustonen*, kantaa nimeä **Elämän vuoksi.**

Lämmin kiitos Leilalle ja Ellille ja myös Ellin vanhemmille arvokkaasta taustatuesta kirjan toteuttamiseksi.

Hausjärvellä toukokuussa 2019

Mauri Laakkonen

3

Elämän vuoksi

Runot: Mauri Laakkonen (Justin Larma)

Runojen poiminta: Leila Kastelli

Kuvitus: Elli Mustonen

© 2019 Laakkonen, Mauri; Larma, Justin
Kustantaja: BoD – Books on Demand, Helsinki, Suomi
Valmistaja: BoD – Books on Demand, Norderstedt, Saksa
ISBN: 9789523300989

Runojen valinnasta

"Lukiessani ystäväni Mauri Laakkosen (Justin Larma) lukuisia itsekustanteisia runokirjoja, en voinut olla siivoamatta ja järjestelemättä sisältöjen tajunnanvirtaa. Siellä suloisessa sekamelskassa ovat luonto- ja rakkausaiheiset runot suuren määrän itseironisia ja yhteiskuntaa koskevien kritiikkirunojen puristuksessa. Viimeksi mainittuja runoja innostuin poimimaan ehjemmäksi kokonaisuudeksi. Tällä tavalla löysin astrologisesti herkän Härkä-ystäväni runoista terävän yhteiskunnallisen tarkkailijan ja lempeällä huumorilla höystettyä itseironiaa.

Olen koonnut nämä runot hänen runokirjasarjastaan Elämän kaarella, Elämän tyrskyissä, Elämän pisaroita ja Elämän sylissä vuosilta 2014 ja 2015. Jo sarjan nimi "elämä" kuvaa hyvin runoilijan tarkkaa, syvälle luotaavaa ja ironista silmää, minkä takaa hän avoimesti antaa luvan huomiolleen, ajatusten ja sanojen vapaalle virralle. Runoilija itse on yleensä "niin hiton hiljaa" (ote eräästä runosta) suhteessa ympäröivään maailmaan, mutta runon kiteytyksissä on iso ääni."

Leila Kastelli

kirjailija ja ystävä

5

Elämän vuoksi

Mauri Laakkonen

Justin Larma

Elämän vuoksi

runoja

Elämän vuoksi

Kaipaus Eedeniin

Alastomana
elämänvirran äärellä
yötaivaan tähtien ja kuun alla
yksinäisyyden piina,
sydämessä
poisnukkuneiden kosketus

Varjoista kiipii kaipaus valoon
vastarannalle
etsimään tietä
pois maahisten joukosta
irti shamaanien tuskasta

Sydänveren vietti pakottaa
kulkemaan kukkuloille
tähyämään luvattuun maahan
ihastelemaan paratiisilintujen lentoa
lauhojen lehtojen yllä

Virran takana
loistaa syntymänvalo
kypsymässä
huomisen siunattu sato
täällä, vain kielletyt hedelmät

Elämän vuoksi

Piruparka itkee ikävää
vuodattaa suolaiset kyyneleensä
mananmajoilta kiiruhtaa kansansa pariin
juottaen uskonsa viinaa
sankoille joukoilleen

Harhaisin katsein
se humalluttaa uskomaan materiaan
mälläämään mammonalla
keinojumalien arvoilla
rakennettujen tornien hämärissä

Killuvat kultarenkaat
rikastuneiden jäsenissä
pintakuvat tatuoituina iholla
timantit tuuhistetuissa ripsissä
kestorusketus
poimuisilla kasvoilla

Tyhjä sydän
huutaa kaipaustaan
Eedeniin

Rikas elämä

Maallinen
taivaallinen
yhtä helvettiä kaikki

loputonta
ikuista
kuurupiiloa kaikki leikki

luopumisen tuskaa
ajatusten kuraa
itsesäälissä kleriskeli

hiipumassa
luopumassa
kuolee toivoton enkeli

elämän raato
harkittu kaato
terävä sanojen sapeli

rajusti
rikkaaksi
kurjan elämän muotoili

Se tuli

Jostain se tuli
lauhan lempeä Föhn-tuuli
leyhäyttäen hellästi
apeuden puuterin
kasvoiltani,
hönkäisten
surunsamettisen
angstin- ja ahdistuksenviitan
harteiltani

Se tuli jostakin
siristen sydämeeni
kevätpurojen riemulla,
ilon
pienet tuohilaivat
runsaspyörteisen
tulvan kiikuissa
rientäen kohti
auvon valtamerta

Vastaan se tuli
pönttöpimeä tunneli
uhkakuvat
seinillään
rummuttaen vihaa
katkeruuden
rantalaiturien
tukipilareihin
rajusti riuhtoen

Se tuli
riehui
siintyi
sammui
Syntyi uusi aamu
uusi suruton päivä
tyyni onnen ilta
lempeän rakkauden

Elämän vuoksi

Kaadettu

Rumuuden raunioilla kukkaiskansa

maalaa aatteenpunaisia kukkia

murskattujen muurien palasille

muistoksi menneistä

tiedoksi tuleville

Määränpää

Pienellä polulla

suuret jäljet

matkalla

kuihtuviin unelmiin

Elämänvesi

Löytämätön
löydetty
sisällään vuorijono
virtojen hioma
vajonneeksi tuomittu
vailla huomisen aamua
ikuisuus mukana

Ahvenruoho
uuden alun airut
kelluu pinnalla
lumpeiden lomassa
kaislikon kainalossa
kuulaan
sinitaivaan alla

Yksi

Suutelen sekunnin kevättuulta
vielä niin raaka
se on maisteltavaksi

kypsyköön suvenlämpimäksi
kevyeksi kasvoilleni
mielelle unettavaksi

tunteja nautinnossa
kesätuulen kainalossa
lepäilen raukeaksi

tule ihana sade
pese pölypintainen laiskurisi
putipuhtaaksi

anna uimapaikka
mahdollisuus kellua ja polskia
sukellella vapaasti

Suutelen sinut
elämäni syksyyn
odottamani

Rajojensa vanki

Mustan ja punaisen
lempiväreikseni tunnustan

kolttu punainen
kantajana nainen

vaan jos sitä kantaisi
miehenlainen….

Se olis varmaan
painajainen

Elämän pelimerkit

Syntymä
   Elo-olo
Kuolema

Askel
alussa
   matkalla
määränpää
   lopulta

Elettyjä unelmia
sepeliä elämänrattaissa
puhkottuja rakkauksia
lempeitä lapsuuden kuvia
äidinmaidosta saatuja

Maailma hellii ja rusikoi
taudit taistelevat tilastaan
sydän kamppailee tahdostaan
vierellä astut, vuoteeseeni kaadut
kipunoit

kunnes matka on lopussa
   elämä eletty
      uudesti synnytty

Aikaa vastaan

Usko vaan
kaunis olet
vaikka peilissä kuvasi
muulta näyttäisi

Liekö siis totta
se mitä sanotaan
katsojan silmästä
kukapa sitä uskoisi

Vähentäisikö valaistusta
kasvot saisi ehostusta
elämän jäljet, juonteet,
rypytkin piiloutuisi

Jos niin tekisin
kauneutesi katoaisi
muuttuisi kypsyytesi
raakileeksi

Monen monta

Monen monta kertaa
katkotut napanuorat
vapauttivat pingottuneen kuoresi
kitiseviksi
hamuamaan alkumaitoa
maallisen tomumajasi nisille

Monen monta kertaa
valvotut yöt
väsyttivät uurastuksestasi
voimattomaksi jatkamaan
uupuneena
lapsikatraasi loputtomille vaatimuksille

Monen monta kertaa
riemun kiljahdukset
saattelivat sinut alkavaan päivään
tietämättä miksi
tunnet itsesi onnelliseksi
onnettomaksi

Yhden kerran
elät lastesi lapsuuden
vasta myöhemmin
ymmärrät sen rikkaudeksi
korvaamattomien muistojen lippaaksi

Keltaisessa huvilassa

Historia rusentaa nykyisyyden
runsauden moukarillaan
sitoo muistot salin seiniin
puhkottujen ovien kynnyksille
nariseviin oviin ja
natiseviin lattialankkuihin

Lian höyläämä kahva
avaa salvat entisyyteen
menneen ajan lumoon
vailla häivääkään koetusta ikävästä
suruista suuressa salissa
itkuista kamarien nurkissa

Sota vei talon isännän
kaatoi nuoren elämän
puhurina pyyhki yli maiseman
kuolonviikatteella leikaten
jättäen orvot odottamaan
ovea aukeavaa....

20

Sanat

Sanat tanssien tulevat
muodosta vapaina
kevyinä
solisten soivat puroina
juttelussa, tarinoissa

kunnes lopulta
valuvat raskaina
paatosten virtaan
pakenevat
vaikenemisen pyörteisiin
uupuen syvään
kerronnan tulvaan

ja taas ylös kapuavat
kipujen kanjoniin
pirstoutuen raivon kallioi-
hin
tukehtuen murenina
tuskan turpeeseen
mumisevaksi monger-
rukseksi
tavuttomaksi tankeroksi

Sanat
uudesti syntyvät
helisevät hellyyttä
kauneutta kaivaten
totuutta tavoitellen
korkeuksiin kiirivät
lempästi kuiskaavat
hymisten huutavat
aatoksien aarteita
avaten
haaveiden haavia
tajunnan vietäväksi
ymmärrettäväksi
lähemmäksi
omaksi

Sanat

kirmaavat ajatusten tai-
vaalla
etsien paikkaansa
tarinassa

Elämän vuoksi

Minä kysyn

Muistatko pienet kivet pihahiekassa
kasvimaan vesiheinän
ruohonkorret nurmella
luonnon viljelmän voikukkia
niittyleinikit kedolla
ja paarmat ylilennolla
kärpästen surratessa korvissa

Kuinka kesäiltoina inisivät hyttyset
vesilammikossa sammakot
kurnuttivat
ja tielle loikkivat
nauroivat harakat
seuranaan vaakkuvat varikset
muistatko pääskyset
räystäiden alle pesiään rakensivat

Muistatko haavan talon päädyssä
kuinka lehdet havisivat
ja saunapolulla nokkoset
pieniä sääriä polttelivat
Kun istuttiin saunan lauteilla
selkä mustana
savusaunan hirsistä
silmät kitkusta itkuisina

Muistatko?

Elämän vuoksi

Luonko nahkani?

Pitäisikö
voida rakastaa
aina parastaan
luopua tuskastaan
ja
luovuttamalla
itsensä uudistaa

Kai pitäisi
kokea riemulla
uutta rakkautta
murehtimatta vanhaa
kantamatta kaunaa

Viimeinen suora

Neljä ikärohmua
vuosien kuluttamaa
istahti rupattelemaan
menneitä muistelemaan

Nyt kun on aikaa
pitää ehtiä joka paikkaan
remontoida
matkustaa
lukea
ja edustaa
soittaa
laulaa
jumpata
tavata sukua ja tuttuja
kirjoittaa
juttuja, runoja, kertomuksia
valituksia
haalia alennuksia kaupasta
kiilata jonoissa
edut poimia
tarjouksista
laivalta, lentokoneesta
junamatkoilta
ja muistaa....

hakea lääkkeet apteekista
ennen kuin on myöhäistä

Rappion äärellä?

Viisauden asunnossa
sydämen vankilan muurin varjossa
lymyää kokemuksen kahleissa
menneisyyden runsas taakka

Ovissa avaimettomat petoksen lukot
porstuoissa loppuun kulutetut pitkänmatkansaappaat
itkujen tavoittamattomissa
ikuisen ilon ja hymyn lepohuone
Notkuvien nautintojen pitopöydässä
puhki räävitty rehellisyys

Viisaus

Kilometritolkulla sanojen paatosta
sidottuna rypistyneille
hiirenkorvilla somistetuille
lumppupaperisivuille
lukutikuttomien
oivallusten tavoitettavaksi

Kärventyy bittiavaruuden paineessa
kirjaviisauden taivas
paperittoman arkipäiväiseksi
hymiöiden ja fonttien unohtuvaksi jonoksi

Elämän vuoksi

Sitähän se on

Ränsistynyt talo
metsän reunassa
himmeänä hohtaa valo
tuvan ikkunassa

Savu kohoaa kohti taivasta
varjot lepäävät vakaina kuun valossa
pajut peltosarkojen ojissa
tietä kohti kurkottamassa

Pakkanen on huurtanut maiseman
kirjonut jääkukkia porstuan akkunaan
kumiteräsaappaat penkin alla
karvareuhka naulassaan verannalla

Yksinäinen istuu
pöytänsä ääressä, pohtii alkavaa päiväänsä
kahvikupposestaan ryystää
haukkaa kevyttä einettä

Hiuksiaan harvenneita haroo
kuvajaistaan ikkunan ruudusta katsoo
ikävuodet jatkoa olemukseen anoo
mieltään jo hieman riepoo

Elämän vuoksi

Askelten kepeys on katoamassa
matka-askellus hidastumassa
kumarrus nyökkäykseen vaihtumassa
reuma niveliä murjomassa

Kauneus ja rohkeus
joka päivä telkkarissa
nojatuoli olkkarissa
uutisissa ei kehumista

Hyvinvointia huutaa yhteiskunta
kysynyt ei kukaan multa
paljonko tuosta välitän
mikä poistaisi yksinäisen ikävän

Hoitsu heittää pikakeikan
kuuraa altaan ja pikkuvessan
mattoa kieltää käyttämästä
ettei kompastu vanha elämästä

Sitähän se on vanhuus
tuotiin eilen lohduksi

mikroaaltouuni uus

Somempaa

Naamakirjaani moni kaipas
naapurikin tiensä sinne raivas
kertovat että on tiedon taivas

Täyden täysi juorukoppeja
pullaa, pitkoa, vauvan peppuja, ruokakuppeja
kappas, joku ihailee julkkisten floppeja

Räävitöntä veikkaamista
jonkun päätä särkee, epäilee sekoomista
taitaa olla kroonista

Vatvovat vaipan paksuutta
pohtivat oliko rankinta ennen raskautta
vaikka siitäkin jo monta kuukautta

Nyt vaan perilliset huutaa ja kitisee
kun vaipat märkyyttä litisee
sänkykin harvoin enää liitoksissaan nitisee

Elämän vuoksi

ei sitä kyllä jaksaiskaan
eikä hotsita laisinkaan
ei oikeestaan enää koskaan

Ukko ei valvo yöllä
sanoo, elättää perhettään työllä
jotta ei tarvitse lisätä kiristystä suolivyöllä

Auto uusi kuitenkin hankittiin
St1:llä halpaa bensaa tankattiin
ja pitsalle Mäkkäriin porukalla ajettiin

pitää näyttää elintasoa
ylemmyyden tunteella lesoa
NYT JUURI
halutaan se kertoa

On tää some ihan ihana!

Kenties

En ensinkään
en sittenkään
en koskaan

Niin pelkoa täynnä
että rohkeudeksi muuttuu
vahingossa, yösydännä

Kuunsilta yllä
koivut tuulessa taipuu
kaatuu sitten ryminällä

Ei minulle
ei vieläkään
ei nytkään

Saleiksi runko pirstoutuu
sinkoaa pirstat mäelle
kasaksi montun pohjalle

Kauhu katoaa
rohkeutta patoaa
antaa puhdin toiminnalle

Ehkä nyt
Ehkä sittenkin
Ehkä minulle

Pirstoja kerään
todellisuuteen herään
ryntään verannalle

Unesta herään
katson kuun perään
tuleen peremmälle

Nyt
sittenkin
minulle

Ensin en ymmärtänyt
Sitten en tahtonut
Kun tahdoin
kaikki oli mahdollista
mahdotonkin
mahdollisuutena

Aivoitus

Ikämysten vuorella
kuulostelen sanojen tulvaa
vaahtopäisiä ajatuksia
kuihtuvia lauseita
vailla kertomusta

Sää ja mää
siellä häärää
hymiöitänsä levittää
OMG – en osaa ymmärtää
kai sitä oppis, vois yrittää..

Sanatonten vuorella
raivoavaa musiikin tulvaa
rämistävät, ärsyttävät kor-
vaa
tärisyttävät tärykalvoja
nystyjä vailla rajoitusta

Jes, siistii
eiks ookkii
makeet räppii
Spotifyltä ladattii
tapletilta kuunneltii..

Häärää digivuorella
nuori ruutujensa kanssa
tulevaisuutta rakentaa
aivan uudenlaista
vapaana ennakkoluuloista

juutuupii
vatsappii
hästäkkii
meilii
veispuukkii
skypee
vitterii
kuukkelii..
on monta muutakii

Voi hyvä tavaton
tätä meninkii
koville ottaa
tätäkin vanhaa ukkelii
tiedä mistä
ottais kii
Niinpä niin.

Pois

Huomen tuli
Valkenee
lumi
valkoinen pumpuli
hupenee

Yön yli jaksoin
nyt vielä paremmin
pian sulan
ennen kuin yö
taas tummenee

Elämän vuoksi

Runo

Siinä ovat sanat
jonossa kuin pakanat
sikin sokin sekaisin
jotain yrittäen sanoa
veikkaisin

Jotain loppusointuista
haikua, ehkä tankaa
vai realistista, romanttista
kuvaamaan elämänlankaa

Pirskutarallaa
jo vähän naurattaa
mahtaako tästä mitään tullakaan
mutta koitetaan
runoillaan

Lopun enteet

Surua silmät
huutoa korvat
itkua
sydän
lemmen täysi

Hehkeä ihoni
nyt kuulas
kalvas
kesytetty
kuolemalle

Punaposket
puuterin alla
rutuiksi
nirhaumiksi
murtuneet

Koppuraiset sormet
lohtua
etsivät
harovat
luokse kutsuvat

Kohtalon viemät

Niin hiton hiljaa
melskaavat surmaajat
vallankurimuksessaan
rajan takana
etteivät
kuolonkorinassaan
auttajia kaipaa

Piiloutuvat huppupäiset
miljooninensa
paukkurautojen
raadellessa
veljeskansan
lahoavaa kehoa

Palatseissaan värjyvät
hymisevät
hymnejänsä
härmäisiksi saattosanoiksi
kuoleville
messujansa
vieraan uskon pakanoille

Ei tänäänkään

Liiku liukkaasti
nyt se onnistuu
yön jäljiltä jäätynyt asvaltti
moni varomaton siihen liukastuu

Kotonaan vanhus
pikitien varrella
odotus rinnassa
josko tulis vieraita
istuisivat hetken tuossa
poistuessa
saisi vilkuttaa akkunasta

Nastarenkaat ujeltaa
alkaa aurinko laskea
ei käynyt kukaan
pihapolulla

Silmät kostuen
sulkee hiljaa ikkunan
toivon siirtää huomiseen

Elämän vuoksi

Lähtö

Valloittavaa sanojen mellastusta

alakuloa järjen ylistystä

fantasiaa alimmasta ylimpään helvettiin

pumpulipehmeisiin taivaisiin

kosteaan syliin ja

läkähdyttävästi pamppaileviin sydämiin

käsiin lantioluita pursottavilla ihroilla

jalkoihin jalkojen välissä

rakkauteen illan hämyssä

rantakalliolla

tuulen huuhtoessa hikeäsi

hyttysille ateriaksi

Ruotsinlaiva

Maarianhaminan satamassa

Lopeta jo

vielä ehdimme.

Elämän vuoksi

Voi taivas

Katson taivastani
avaruutta ympärilläni
tähtiä ja planeettoja
ohi kiitäviä raketteja

Tänään avaruuteni on erilainen
taivaani poimut repesivät
sähiseviksi riekkuviksi
revontuliksi

Huikaiseva uusi tanssi
taivaankannella
Jumalan sormi
liipasimella

Maine

Sanoivat maineen menneen
niin sanoivat
minne se meni maineen
sitä ihmettelin
kunnes ymmärsin
että maine meni
ja jälleen ihmettelin
miten niin maine meni
kun kaikki tietävät
sen mitä tietävät
ja loput luulevat
että maine meni,
vaikka lisää sitä tuli

Mokaamisen paras puoli
onkin se huoli
maineen kasvusta
tietyssä mielessä
mutta onko se niin vaarallista
jääpä muistihistoriaan
jotain epätavallista
vaikkakin, jos tarkkoja ollaan
joka puolella on mokaamista
siis maineen kasvattamista
ja taas sanotaan, että
maine meni,
vaikka lisäähän sitä tuli

Elämän vuoksi

Onnelliset?

Kuinka onnellisia ovatkaan

kulkurit, jotka joka aamu

suuntaavat uuteen

näkevät maailman pienet kulmat

takapihojen sokkelot ja salaisuudet

kohtaavat

kummallisen ylenpalttiset jätteet

kahlituissa ympyröissään

eläviltä jääneet

Mitä on elämä ilman vapautta ja iloa

ilman lintujen laulua

ja pilvitaivaan kiloa,

pölyävää tietä ja

ilman raikastavia

vesipisaroita.

Elämä ympärillä

Juna rymistää raiteillaan
taloa vavisuttaa
raitiovaunu matkustaa keskustaan
kurveissa vingahtaa
maan alla on hiljaisempaa
metrolla matkustaa

vaan ylös noustava on tunnelista
rullaportaita
rappujen kapuamista
tasanteilla viipymistä
uloskäynneillä tönimistä

kaupungin jylinä
kiire
sotkee ajatukset
kirveltää nenässä niiskutukset
silmät ovat vailla pyyhkimistä

askeleita sinne tänne
tässäkö on elämämme?

Diktaattori?

Käveli ennen emäntä yli pihan
tarkasti aitan, navetan ja piian
touhut askareissaan
työnjohtajana hääräsi
usein koko talon työt määräsi

Nykyajan emännät naisia ovat
on pyrkimykset, odotukset kovat
tasa-arvon nimissä touhuavat
muualla on mukavampi liikkua
muualla toki, ei kotona

Muutos on kai välttämätön
sen ymmärtää pian lapsikin
isätön ja äiditön
kun hoitotäti paras tuki on
matkalla ei pärjää lohduton

Koulussa ope yrittää parastaan
paimentaa suurentuvaa katrastaan
ei syynäämään ehdi kännyköitä
valvoo tuskissaan öitä
hänelläkään ei ole pian töitä

Elämän vuoksi

Kunta kun raastaa viimeisetkin eurot
tukiopetuksen purkaa
ja laukkaa hiessään psykologit neurot
kuka pelastaa kansakunnan toivot
ja taltuttaa niiden raivot.

Tapletilta luetaan
kiukkuvuorta kasvatetaan
kontakti kun läheisiltä puuttuu
helposti korvikkeeseen juuttuu
niin aika muuttuu

Isit, äidit takaisin,
lapset oottaa kotona iltaisin

Maailman varmaan toisin rakentaisi
jos perhediktaattori olisi
...parempiko olisi?

Oi

Oi
karmeaa keliä
ymmärtämätöntä
valtapeliä
tarvon korruption
rämeessä
syvällä
myötähäpeässä

Oi
vallan kahvaan pääseviä
mesenaatteja
valtiotuvissa
tuskaa eduskunnan
portailla
remontissa olevilla
kodittomilla

Oi
ymmärryksen hämärää
maisemaa
näkemyksetöntä
kansalaisten sydän
verellä
maalattuja
ikoneita

Oi
valkokyyhkyä räystäällä
lentosi odotuksen
tuomaa toivoa
paremmasta
paremmaksi
kaikkien
unohtamaa

Oi
rakas isänmaa
äidinmaidosta voimailtu
järvin metsin naapureille
koristeltu
petoksella
myyty

Oi
velkaantuneiden joukko
työttömien armeija
pienin korvauksin
palkittu
nälkään halpuutettu

Elämän vuoksi

Oi
pelastava enkeli
leipäjonojen hurskas
Hursti
köyhän ainoa ystävä
jonojesi
kuningas

Oi
elämää viimeisellä
rannalla
hiljaista kansaa
tuomiolla
päänsä pelastavalla
ehtoollisella

Oi
ihanuuden muistoja
eletyistä kultaisista
vuosista
ilman huolia
kukkarontäysi
kolikoita

Oi
elämän villapaita
norjalaisvillasta neulottu
napanöyhtäiseksi
pidetty
iso ja
paljastava

Tähtitarhat

Sukupolvien saatossa
kuljemme silmukoita ketjussa
evoluution mukana
muuttuen, jalostuen kansana

Kummuilla käyskelemme
metsiä samoamme
ikikuusien alle piiloamme
unelmissa rakennamme

Unelmat soivat terävästi, kylmästä
kiiltopintaista lasia ja terästä
rakennukset tavoittelevat huimia korkeuksia
päällekkäin satoja asumuksia

Katoavat korpikuuset
viljapellot ja vainiot
unelmat piilopirteistä
ikiaikaisista hirsimökeistä

Elämän vuoksi

Kaavamestarin kynästä
rustataan taas uusi pilvenpiirtäjä
rusennetaan entinen matalaksi
muistot museokamaksi

Silmukassani kiepun vielä tovin
sukuani jatkoin, keräsin melkein hovin
ketjuun liittyivät uutta luomaan
osana kansakunnan tulevaisuuden uomaan

Muuttuvat unelmat ja suunta
tavoitteina rakettimatkat kohti kuuta
ja tuhansia tähtiä taivaalla
ennen niitä saatiin vain ihailla

Sukupolvien saatossa
silmukat löytyvät tähtitarhoissa
uutta maailmaa etsimässä
planeettoja kohti rientämässä

Elämän vuoksi

Ristinsä

Hehkuu hikensä alla
riutunut keho piiskattuna
verinaarmuisin haavoin
tuskaan sammuen

Taivas tummenee
salamoiden kirkastukseen
herää murheen aamu
eilisen viini huulillaan

Anteeksiannon leipä ravintona

Nytkö jo
aikani on mennä
pelastaa maailman lapset
uskosta ravitut

Sukuketjussa

Isämme, isät ja pojat
sukutarinaan liittyvät myös naiset
jatkumoa muassaan
kantoivat lasta vuorollaan
kohdussaan

Historian kirjoissa on tapana
kertoa, kuka piti
valtikkaa kourassaan
ruoskaa, piiskaa, sanansäilää
sukua pitämässä ruodussaan

Miehisyyden mitta on ollut
sotimisen taito
ei historian huomenissa riitä
nyyhkiminen, herkkyys aito
tuomaan kunniaa suvussaan

Yksi sukupolvi kerrallaan
siirrymme manalaan
puupalttooseen pakataan
jäänteet kääritään puhtaaseen
palttinaan, ehkä pellavaan

Elämän vuoksi

Kunniasta kummuilla kivet viestii
suurimmat paadet mammonasta henkii
vauraudesta, asemasta, mahtavuudesta
vaan pienenkin kiven alta
huokuu rakkautta, tahtoa huolehtia isänmaas-
taan

Lapset kumpujen äärellä
mykkinä ja hiljaisina
ymmällä historian pärskeistä
voitoista, mahdista, merkityksistä
kasvavat uuteen huomiseen

Ihmisen viisaus
aika ajoin nollataan, kun
voimakkaat yli ajaa tahdollaan
monta kaunista elämää
unelmaa niin tuhotaan
unholaan

Yksisarvinen

Urho korskea kukkulallaan
miehuutensa uhossa
itsetietoisuudessaan täyden täysi
sarvensa hekumaan yllättyy

Kupeissa neidon
vaimon ja maamon
leiskuu kipunoiden haluinen odotus
täyttymyksen kaipaus

Maaemo konnullaan
kuljettaa lapsiaan
kohtaamaan
kokemaan, rakkauden ottamaan

Urho korskea
mukanaan jumalten lahja
istuttaa siemenen sieluineen
uuteen aikaan kasvamaan

Laulavat sukupolvet loihtuen
kaipausta, täyttymystä, kaihoa
veisaavat tuleville maan taivasten onnea
ikuista, yksisarvisen....

Vuori

Se vuori on raskas kavuta
syntymäpaljaat jalkasi
tuohivirsuissa
onko viisas ajatus

Matkalle on lähdettävä
vaikka kengittä
vuorelle, näköalapaikalle
näkemään mielenrämeen heijastus

Siellä vuorella
moni kipuaa
etsiessään totuutta
huulillaan tuskan virnistys

Itkukanervat kukkivat
nauravat vapauden lokit
tikat takovat sydänkäpyjään
iltavirreksi soi palokärjen säleinen pärähdys

Elämän vuoksi

Kulje taikavirtaa
rauhassa, meloen
syvän virran pyörteissä
kuvajaisena
mielen vuori

Sinne on kivuttava
kunhan koskikaran löydän
ahvenjuurtani uhmaa yön syli
virran syövereissä louskavat hauen leukaluut

En tavoittanut
valkoista lumpeenkukkaasi
utuisen sumuhunnun alta
sieppautui varjoihin, kuunsirpin mukaan

Sitä vuortani kierrän
aamunkajossa auringossa askellan
etsien yhä polun päätä
yön unikuvaiset rasvalaput silmillä

Tuohivirsuni
odottavat

Elämän vuoksi

Kurttuotsa

Kulman takana
otsakurtut odottaa
arvontojasi

Sanapatosi
murtumista toivovat
mykät ystävät

Sanonnan mukaan
kevät saa myös ihmiset
aurinkoisiksi

Helskytä sanat
lirkuttele kuin lintu
aamuoksallaan

Elämän vuoksi

Rohmu

Rohmujen sukupolvi
Kaikki mulle!
Ei mitään sulle!

Jonossa
otettava aina
ensimmäinen paikka

Sekopää

"Korkkarit kattoon
tää päivä on meidän..."
soi läppärissä työpöydällä

Firman juhannusjuhlat
aatonaaton
odotettu ja pelätty tapahtuma
on käsillä

"**Vittu**, mä näytän tänään niille
närhemunat, **vittu**"

"Jumalauta"

Työajalla on hulahtanut
salaa puolikas skumppa
ja naaraan hajuaisti
alkoi tuntea
juhannuskiimaa kaikkialla

Elämän vuoksi

Lenkkarit lensivät
työpöydän alle ja
laatikosta kaivautui esille
punaiset korkokengät

"**Vittu**, nää on siistit"

"Korkookin enemmän
kun ukon munalla pituutta,
vittu, nää... on makeet"

Naaras kipittää
hoiperrellen näytille

metsästys
on alkanut

Miesten maailma

Poikavauva hellantelttu
kovin oli odotettu
suukotellaan sormet varpaat
ihanuus kuuluu vauva-aikaan
aina vaan

Pikkupojat pissaa pippelistä
juoksevat ja
ajavat lujaa fillarilla
kyllästetään karkilla
ja heittelevät kivillä

Isot pojat leikkivät pippelillä
pelkäävät tyttöjä
ja ajavat lujaa mopoilla
maistelevat kaljaa salassa
ja pelaavat pelejä tietsikalla

Nuoret miehet pelkäävät
että näkyy kun pippeli alkaa seistä
ihastelevat tyttöjä
kurvailevat autoilla
ja haluavat tyttöjä kyyditä

Elämän vuoksi

Machomiehet
metsästävät tyttöjä ja naisia
pyrkivät sänkyyn ja pöksyihin
pelaavat roolipelejä
kehuskelevat kaadoilla

Nynnyt miehetkin tulevat isiksi
naisten käskytettäviksi
tohvelisankareiksi
kauppakassin kuskeiksi
vaipan vaihtajiksi

Koti-isät aikuistuvat lasten mukana
niinhän sitä luulisi
jos juttuja kuulisi
saunailloissa, kaljakapakoissa
vieraita vilkuilemassa

Äijät muuttuvat sioiksi
kun kalja ja ruoka on maistunut
ja alkuihanuus naisesta haihtunut
örvelletään yöt ja päivät
surkeillaan menetettyä nuoruutta

Elämän vuoksi

Ukot vanhenee ja rumenee
kuntokin heikkenee
niin se vaan menee
kuori rapistuu ja
vaippaikäkin uusiutuu

Sitten alkaa
uusi formulakausi
kun muistisairas rollaattorilla kurvailee
Reinoissaan liukastelee
palvelutaloon tokenee
menneitä haikailee

Kulkija

Kuljen matkaani
syntymässä saaduin eväin
ymmärrystäni rikastaen
kanssa eläjiä kohdaten

Uskollinen ystäväsi
katson sinua kirkkain silmin
odottaen rapsutusta
sitoutuen sinuun huoltaja

Ystäväsi ihminen
vaatii sinulta ymmärrystä
hyväksyntää, tekoja ja
tekojesi tilitystä

Lentoon pyrähtänyt lintu
laulaa tiensä sydämeesi
ilman pakotusta, ilmaisten
reviirinsä, omasta halustaan

Mullassa möyrii kastikka
muokaten alustaa elämälle
kukkien loistolle ja
kasvunautinnolle

Elämän vuoksi

Kuljen matkaani
mukanani rikkaudet
aina vain en niitä huomaa
en osaa omaksi tulkita

Kuljemme matkaamme
löydämme sen oikeutuksen
olla oma itsemme
me kaksi, me kaikki, koko ihmiskunta

Kaikilla luoduilla
on paikkansa
aikansa
elämänsä

teillä kulkijansa

On sillä merkitystä

Se, että on
ettei ole numero
jota odotetaan
kuten välttämätöntä pahaa
tai vain silloin
kun apua tarvitaan

Se, että on olemassa
jotakin varten, jollekin
se on, että on

Merkitys vaihtelee
kokemus lisää merkittävyyttä
tiedon syvyyttä
soveltamisen mahdollisuutta
merkitystä
sitä, että on

Joku kysyy, kuka olet
onko sillä merkitystä
jos itse tiedät
kuka olet
että
olet

Elänyt, nähnyt

Kaiken kokenut
riihikuiva
vanha korppu
olemukseltaan riutunut
voimiltaan
lähes loppu

Kaihisin katsein
hämärää hahmoksi pukee
käsin kohmuraisin
runokirjaa pitelee
lukee
sivuja muistelee
kaiken nähnyt
nyt
lähes sokea

Kesäeläjät

Jätkä makaa kännissä laiturilla
kaljatölkki kourassaan
ja odottaa viirua kyliltä
huudattaa spotify-listaa tabletilta
heviä helevetin kovalla

Moottorirutkun ääni pärähtää kesäyössä
muijan vene
purskauttaa vedet aalloille
hyökylaineet rantakalliolle
rantaan täräyttää
Giltsi könyää laiturille

"Vittu sie tulit"
odottaja sammaltaa

"Onks sul mäyris messissä?"

"Ei tätä vitun maalaisuutta muuten kestä"

Jäbä kusta lorottaa laiturilta

Paljon

Meillä on niin paljon murehtimista
turhaa pään tyynyyn painamista
piiloutumista arjen ihanuuksista
höyhenpeitteittemme alle
joustinpatjoillamme

Nukkuvat ajatuksemme piiloissaan
vaikka olisi paljon tähdellistä
sanottavaa itselle
kerrottavaa läheisille
unikuvia peittojen alle

Niin paljon
      enemmän

Piinatut

Seisahtui ajatus
aika
katosi
ajattomaksi
vieden piiloon
tunteet
muuttaen
häijyyden
turtumaksi

Rikkoutui illuusio
oletettu ihanuus
paljastaen
karun
todellisuuden

Raakaa
epäinhimillistä
henkistä väkivaltaa
ylivoimaa
heikkoja vastaan

Tuskan kyynelissä
kauhun kokeneet

Kevyitä suukkoja

Lentosuukkoja
niitä jakelen
viattomuudella
höyhenen kevyin mielin
kuin poutapilveltä
maailmaa katsellen
vailla taka-ajatuksia

Yskähtelen
ukkospilven lailla
salamoiden ja syösten tulta
mieli maata mataen
syytöksiä sataen
syyttömille
poloisille

Vallan kukkulalla
kukkoilen
mahtailen
uskomatta tosiasioita
kaikki ohitan
pilvilinnaa rakennan

Elämän vuoksi

Olisi aika ymmärtää
ettei ikuisesti jatku juhla
mässäily velaksi
pian alkaa jo
kyllästyttää

Lentosuukkoja siis jakelen
kevyitä
ilmavia
viattomia

mikä on taksa

ilmaisia
eivät maksa

Ajatus

Kuinka korkealle
liitää ajatus
matalalentoinen

Tunteeko se
huomisen
muistaako ajan
entisen

Toistaako avaruus
ajatuksen soinnun
duuri tai
mollivoittoisen

Kalpeneeko muisto
ajatuksen tieltä
viriääkö intohimo
tulen tieltä vielä

Pohjoinen yö

Viuhuu pohjoinen viima
tuivertaa tuvan akkunan pieliä
vinguttaen piiskaa sateellaan
syösten rakeet
saappaittesi alle
murskattavaksi

Olet matkalla
Katse porautuu
tihruviiruisten luomien alta
kivikkoiseen polkuun
arvuutellen askelen osuvuutta
muistitutkan koordinaateissa

Tunturissa kaikki on totta
paitsi unelmat
juuri nyt
myrskyn kourissa

Yö haukkaa päivää
palan kerrallaan
piilottaa valon
laskevaan hämärään

Elämän vuoksi

Hiljaa hiipii pelko
savustaa haaveiden auringon
karkuun kuun karstaksi
ulvovien susien yöhön

Harteilta keveys karkaa
Huoli sahaa ajatuksen ortta
pursottaa mehut
rusentaa tahtoa
vihanviiniksi

Astuu uskallus piilostaan
pakottaa polkua astumaan
tahdolla nousemaan
yli rytöisen rinteen

Ymmärrys yskähtelee
lepolaavu siintelee
ajatusten porstuassa

Tunturin taika raottaa
repsottavaa taivaan kantta
piirtää kuunsirpin syrjällä
valonhäiveen kiirekartan polkuusi

On vielä aikaa aamuun
on vielä matkaa – yön sydäntä

Voihan itku

Nauran.
Ihan sikana.
Kielikylvytön.

Äidinkielellä selitän.
Viirut silmäpielissä.
Hohotan turhasta.

Kyyneleeni.
Kuivaan paperiliinalla.
Muistan sinut.

Ikävääni itken.
Vaot silmäkulmissa.
Vettyvät.

Kyyneleet.
Valuvat.
Kunneka kuivuvat.

Viirut ja vaot.
Uriksi muuttuvat.
Runsastuvat.

Itken.
Nauran.
Vakavana mökötän.

Sanomattakin selvää

Sanat ovat merkillinen joukko
ja monin tavoin sekoitettavissa
sekoittavat useimpien ajatuksia
synnyttävät uusia aivoituksia

Huolimattomasti esitettyinä
syntyy väärinkäsityksiä
persoonaan liittyviä ymmärryksiä
ristiriitaisia

Punnittu puhe
vakuuttaa, mutta saattaa
myös tylsistyttää, vaikuttaa
typerältä, paatokselliselta

Sanojen nakkelua
kuulee harrastettavan
vailla tarkoitusta
persoona todettavaksi
aina äänessä olevaksi

Sanan säästäjät
ne maan hiljaiset
mutisevat mahassaan
jurnuttavat omiaan
kun kukaan ei satu kuulemaan

Kirjoitettuja sanoja ahmimme
otsikoita haluamme
skandaaleja vainuamme
puheenaiheeksi tyhjästä puristamme

Sanojen kirjoittajia moitimme
vaikka toimitukseen itse soitimme
romaanin kotiin tilasimme
runot Facebookiin rustasimme
aitoja muka olimme

Sanojen taikaa kumarramme
oman aikamme
toteamme
omamme

Ne toiset

Ne ketaleet
unohtivat
muistaa
maksaa
jaksaa tulla
postin lähettää
vaikka lupasivat
lupauksensa pettivät
ohi menivät
muistamatta jättivät
vaikka sanoivat
että maksavat
muistavat
postin lähettävät
ja tulevat

Heille toisen aika
ei ole aikaa
heille toisen unohtaminen
ei ole unohdus
heille toisen raha
on omaa rahaa
heille toisen lahja
on omaa itselle
heille tapaaminen
on yhdentekevää

Tuona päivänä
kun heitä kohtaa suru
tuona päivänä
kun heitä kohtaa ilo
tuona päivänä
kun heille pitäisi tulla
tuona päivänä
kun heille pitäisi maksaa
tuona päivänä
kun heille pitäisi....

pitäisi unohtaa
ettei ole
itsestään selvä
antaja
hän
jolta on totuttu
vain ottamaan

Olenhan?

Käperrynkö itseeni?
Sulkien silmät näkemästä
korvani kuulemasta
tuntoani tulkitsemasta

Tuskittelenko?
Säälien yksinäisyydessä
surkeaa elämistä
kiputiloissa rämpimistä
vailla ymmärrystä

Avaudunko?
Rakastamaan maailmaa
ja kuulemaan sen orkesteria
patarumpujen kuminaa
harppusooloa kaunista
matkalle valmista

Soljunko?
Matkaan
elon vuolaaseen virtaan
kauneuden kimallukseen
hentoihin tuulahduksiin
myrskyn riepotuksiin
tuletko vastaan

Elämän vuoksi

Otanko?
Onnestani kiinni ymmärryksellä
vaatimatta enempää
eläen joka hetkeä
nauttien sitä kuin hedelmää
eläen elämää

Olenhan?
Aatami alkukantainen
elämäni arvoinen

Oletko?
Jumalattareni
sulottareni, kaunoinen...

Keppanavaras

Kundi kertoo kaverilleen
kähveltäneensä kolme keppanaa
kaupan kolmosoluthyllystä

Keskiviikkoaamuna kello kymmenen
kiljuu kassaneiti kauhuissaan, käy käkättämään

Kuulijoita kertyi kuulemma kymmenkunta,
kukin käveli kassajonoon kiistan kuullessaan
- Kamalaa kerrassaan, kolli kusessa!

Kissalanpojat koslallaan
kurvaavat katsomaan kun
kossi kumartuu kassilleen,
kumoaa kuohuvat kaljat kukkakoriin,
kokopituuteensa kurkottuu

Konstaapeli komentaa
kaikki kauemmas
- Koko kansa kuutamolla, kusipäitä! karjuu
konna

Kissanpäivät kohdallaan, kunhan koppiin kuor-
mataan

Tissuttelija

Tenukeppi turvallaan
tuvan takana turpeessa
tinneripulloa tapailee
tollona tokkurassa

Tietää toruja tulevan
torjuntaa tarjoilupuutteesta
tiimihenki tiukoilla

Tissuttelun tuhoon
taisteltuaan torstain tuurilla
tunki teräaseen taskustaan
takalistoonsa tuskissaan

Tarve tutkintaan
toimitettava taksilla
terveyskeskukseen
tohtorin tikattavaksi

Terveydenhoitaja törttöä tölväisee
tanakasti takajaloiltaan tokaisee
-Tekikö terää toveri?

Lyhytmuisti

Lukisinko laveita lauseita
levittelisin lehtikirjoituksiksi
lupaamiasi lukemistoja
lauantain lehden lukijaliitteeksi

Luuletko lisääväsi lukuintoa
lässyttämällä lökäripöksyisten
liikkumisesta laudoilla
liikuntapuiston levikkeellä

Lepää. Lämmitä lihaliemen litkua
lusikoit lauluääntä liki
lepyt
lastenleikit lähelläsi
lankeavat lempeydeksi

Lelulaatikko lattialla
lystikkäät luppakorvaiset
leijonat, lumileopardit
laske läpi liki liikkuvat lampaat

Leikkisinkö
lennokkina liitää
lyhytmuisti

Tarkoitettu

Huomasitko
niin hipaisten
aika riensi,
tähtitaivaan piilotti
ja sadepilvet
tilalleen siirsi

Itketkö yhä
menetettyä mahdollisuutta
näin monen vuoden
jälkeen

Tajusitko
elämä on piirretty
tähtikarttaan kaareksi,
poluksi elää ja kasvaa
löytää tilalle
tarkoitettu

Pyyhi pois
kyyneleet poskiltasi
kirkasta sumennut katseesi

Katso, kaikki on hyvin

Eri lähtökohta

Tavasin sanoja ymmärtääkseni
tapaasi ajatella
luodata maailmaasi
kaiken sen
mammonan keskellä

Tuli kyllä mieleeni pyramidit
huijatuksi tulleet äkkirikastuneet
joiden kultavuoria
tovi aikaisemmin
olin kadehtinut
-kuinka sitten kävikään

Aamuinen ruispuuro riittää minulle
kun sitä on,
on maailma avoin
tirkistellä kaikkea harmitonta
ja ilman hännystelijöitä

Rimakauhu

Elettiinpä leveästi
nautiskeltiin optioista, keveästi

Tuli aika
odottamaton lama

Pitäisi panna taloustalkoot pystyyn
vaan meneekö se aivottoman nystyyn
että tinkiä pitäisi
elintasosta
hieman palkasta
ja työajasta

Huutaa pää punaisena kenopää
ei mitään järkeä kurimuksessa nää
jota tarjotaan köyhimmälle
nostamalla rikkaat kultaritilälle
kun ne ei osaa hypätä
köyhän kelkkaan
ja kaveriksi ryhtyä

Tavataan leipäjonossa

Ukkosen vuoro

Kansakunta sähisee
ja salamoi
silmät vihasta mustina
otsat kurtussa
    jyrähtelee
otsikoille
ja kaavailuille
    joita ei ole kirjoitettu
puhtaaksi

Vihassaan ei malta odottaa
sillä salamalla on tapana
    iskeä lujaa ja yllättämällä
ukkosella on tapana
    kertoa tulostaan jyminällä
noitarumpujen tapaan
kumisemalla

Ukkosrintama odottaa
    meille on luvattu
että jokaiseen vielä sattuu

Toivon kansan ansa

Olympos-vuorella
jumalat
kääntyvät haudoissaan
kun Eurooppaan
uutta järjestystä
juonitaan

Tuhansien järvien
rantamilla
piskuinen kansa
kiristää suolivöitä
ammentaa rehellistä
Kalevala-uskoansa

Pikitien äärellä
pysäkillä
vanhaintalon asukki
odottaa kyytiä
suoneniskentään
kupparille

Elämän vuoksi

Taikojaan jumalille
loitsuja manan enkelille
huutaa Hellaan kansa
ja luulee itseään auttavansa

Tuomion kellot soittavat
kansat yhteen kokoavat
Sampoa alas taotaan
suonta isketään
Hellaan vuorelle hilataan
toivoa luomaan
niin uskotaan

Vaimenee Zorbas
väsyy Säkkijärven polkka

Tuonelan virralta
yhdet portaat..

eivät vie mihinkään
toiset valoon kuljettaa

Tulee se aika

Rynkytän ajatusteni ovea
koputtelen ja kuulostelen
raottelen mietintämyssyn reunaa
kurkistan ajatusten saloille

Onhan se ruuhkaista ajoittain
riemusoittoa
pidätettyjen tunteiden maakuopassa
sisäisestä ilosta hihkumatta

Katson matavaa laumaa
kaduilla myssypäisiä vaeltajia
lökärien persuksia polvissa roikottavia
länkisäärisiä ajan ratsastajia

Niillä on niittämistä
enemmän kuin itselläni konsaan
digiaika kasvattaa toisenlaisen sadon
robottikansan ja hommien paon

Varjot

Jäin siihen hetkeen
eteisen peilin edessä

Punertava iltarusko
siivilöi siniset varjot
kasvoiltasi
kaulaltasi
keholtasi
ja viimein

pikkuvarpaasi
kynsikin oli punertavampi
kuin vaaleanpunainen lakka
jota niin rakastit

ja pian

siniset varjot palasivat

Kuun alla

Yllä avaruus
triljoonat tuikkivat tähdet
kuun kelmeä valo
lepää sammalilla
pehmeiksi vuorautuneilla rinteillä
niille mieleni kiipeää

Yllä avaruus
soi hiljaa humisten
toistaen puiden latvoihin
valovuosien kajon
himmeänä hehkuna
unena ikiajasta

Ylläni avaruus
elämän syli
ohi kiitäviä hetkiä
syntymättömien tanssia
kaikkialla

Puun varjosta

Riippakoivun letkeät oksa
luovat sinisen vajonsa
kuumuutta hehkuvan
hellekesän hamosessa

leyhyvät lapsuusmuistot
äidin sylissä
elämän sylissä
sylistä syliin
kesä toisensa perään
varjoihin hakeutuen
riippakoivun alle

iski salama
uursi uransa tuohikuoreen
pirstoi vuosirenkaisiin jälkensä
rampauttaen muistot
kaipauksen haavoiksi
pelon arviksi
kesään

Elän – siis elän

Kasapäin vuosia
eletyiksi tunnustettuja
naamavärkkiin merkittynä
ristiin rastiin viiruina
väliin ruvilla
kurttuina, kaulahuivina

Natisevat ja paukkuvat
nivelet, milläs voitelet

Notkeus tipotiessään
kankea kroppa elää liemis-
sään
turvonneet sormet etsivät
nauhoja solmittavaksi
ylettyisikö, alemmaksi,
ei,
siis nosta tuolille
rusetoitavaksi

Kaatumista pelkään
niin, ja katumista

Körmy katsoo vaan lähelle
ei ole varaa virheille
ainakaan
niitä huomata
on elettävä
kuin ei oltaiskaan

olla vaan
ja elää

95

Toivo paremmasta

Ajanhammas puraisi
palan elosta
kaltoin kohdellusta
unohdetusta

Elämä sylkäisi
raadellun rujon
kulkemaan mutaisia teitä
ontumaan kurjuuteen

Tuonen rajalla
uudet palttinat ylle puetaan
hiukset kammataan
yhdessä elämään, aletaan

Unohdus unohtuu
rikki revitty paikataan
nälkiintynyt ravitaan
unohduksenviitta haudataan

Siihen materia päättyy

Uusi elämä syntyy

Katse

Kulmiensa alta
hän katsoo
tuijottaa siniharmain säkenöivin silmin
kieputellen äkkipikaisuuden
tulikranssia
kohteensa edessä
sanattomasti kysyen
kuka olet
ja millä oikeutuksella
astut reviirilleni
kisaamaan rakkaastani
lirkuttelemaan lemmenlurituksia
varatulle

hiiltynyt mieli
hehkuu hetken tulta
sammuu. sammuttaa katseen palon
lempeäksi ymmärrykseksi
väärikäsitysten häpeäksi

Siniharmaat silmät lauhtuvat
katsovat lempeästi
mielentanssin parketilla
on rauhallista

Merkityksetön

Henkäys
olematon
huomaamaton
poissa on

eloton
onneton

saamaton
koki tuomion
kohtalon

nyt se
ohi on

Mikä on

Peilikuvani toljottaa
nyrpeänä onnellisten perään
voisinpa tuijottaa
estoitta
kun huomiotasi kerään

vaan olen ujo poika
liki ikäloppu keholtani
ei kuitenkaan kukaan
mua voita
jos nousemaan pääsen rahiltani

liimattu olen ihastukseen
kuin kärpäspaperi kepposeen

pyristelen
irti yritän
jatkukoon se huomiseen

uuden ansan viritän

peilikuvani hymyilee

Kuka se nostaa

Siinä taas pönötin
takarivissä unohdettuna
ohitettuna
vaikka työsuoritus olikin
loistava

Vaan kun en ole pelle
tai tähti
jolla suuvärkki nostaisi
naaman esille
puolustamaan kunniaa
ja keräämään irtopisteet

Mutisen siis itsekseni

Kokoan kasan tilastoja
kiikutan ne esimiehelleni
"Katso perkele.
kuka ne hommat täällä tekee"
kun et huomaa
niin pakko uskoa, sanonta
"kuka se kissanhännän nostaa, jollei kissa itse"

Sitä yhtä ja samaa

Arki
ihmisen parasta aikaa
olla
kulkea yhtä matkaa
niin
tai erillään
kuten kukakin haluaa
tai joutuu
tahtomattaan

Juhla
jokainen elonpäivä
yksin tai yhdessä
ilman valitusta

Mutta
kun on niin
helvetin ikävä
aina joitakin puuttuu
isäntä tai emäntä
on niin yksinäistä
lohdutonta
    elämä
onko se sittenkään niin

Yksinkertainen onni

Anna tuulen kantaa
mielesi nousta siivilleen
usko unelmiin
katso huomiseen

Nouse myrskyn silmään
liidä raivona pilvien yllä
kauas pois, turvallisesta
palaa takaisin tyvenessä

Sanat raekuuron lailla hakkaa
syntyy sotia tahtomatta
sattuma kohdalleen ottaa
ketään unohtamatta

Jokaiselle elämä antaa
koettelemuksia ja onnea
unohduksen viittaan
pukeutuu kamalinkin riita

Lipuu poutapilvet taivaalle
rauha sieluun asettuu
anna arvoa kumppanille
muutoin piinan alle rusentuu

Hiippailija

Yö piilottaa
monet askeleet
hämärää

valon löydettäväksi

Yöhön

Siinä hän keimaili
pyöritteli lanteitaan ja
räpsytteli irtoripsiään
suutaan muikistellen
taivaansiniset silmät
lemmekkäästi leiskuen

Baarityttö
ammatissaan
osaten vokottelun

Yö saapui riemut mukanaan
tyttö, könsikäs kainalossaan

Hetki vielä

Siinä makasin reporankana
kuin käytetty saunavihta
vesisaavista nostettuna
pois nakattuna, nakuna

En millään jaksaisi avata
ajatustakaan heräämiselle
kun uni hiertää silmäkulmissa
isoa Zetaa, unelle

Tikka koputtaa aamua
talon päädyn kelossa
kysyen, oletko elossa
riekuttuasi, leikittyäsi haamua

Kehoni naukuu unen perään
pelkää, että herään
ei vielä, ei vieläkään
etkö anna mun nukkua esinkään

Nakutus tunkee uneen
näen unta, että menen rantaan
saunan lämmitän ja sukellan
veteen, virtaan

Reporankana vuoteella
Hyvää huomenta
sittenkin heräsin

Häikäisy

Valovoimainen on tuo nainen
säihkyy kuin timantit
valonsäteiden leikissä
särkyneiden sydänten
muotinäytöksessä

Hän seisoo korkeimmalla rapulla
portaikon huipulla
urosarmeija alistuneena kuolaa
rakennelman juurella
mielet eksyksissä

Karisma sokaisee
leijonat liian suurta palaa lohkaisee
tajunta harkinnan pois potkaisee
ja naaras sydämet hotkaisee
lumollaan sokaisee

Diivan hehkeän ihon vuodet uursivat
ryppyisiksi uriksi kasvoille
kurtuiksi kaulalla
tutiseviksi käsiksi
hoipertelevaksi kävelyksi

Vaan loisto edelleen häikäisee
hymy taivaat aukaisee
ukkokatras edelleen odottaa
taikaa kodalleen aukeavaa,
turhaan

Ehdotonta ehdollista

Itsesäälin ikkunassa
kuura kasvattaa kukkiaan
pukee hallan huurut ylleen
pakenee pakkaseen
syvässä hangessa tarpoo
synkin ajatuksin

mieli kieppuu kurjuuden kuperkeikkoja
aina samaan suuntaan
turhautuu
lasahtaa lätäkköön
roiskii rapaa rakkaiden ylle
läheisyys
etäisyydeksi muurautuu

yskinäisyys töröttää
hiljaisuuden kaikkeudessa
ajatuksen kummitukset
liehuvat ympärillään
mykkäkoulun takarivillä
pako-ovea lähellä

haudattu itsetunto
betonoidussa kammiossa
mielessä
valoton huominen

Mies

Sulaa vahaa
sulaa jäämies
jää mies

Jää mies yksin
vahaamaan viiksiään
kelaamaan ajatuksiaan
jäädyttämään sydäntään
uudelleen ja uudelleen
tulee jäämies
joka sulaa
ja jää jälleen yksin

Oluttuopin sankari
kelluu baaritiskin äärellä
elämän myrskyjä tyveneksi
hukkumalla viinavirtaan
turvottamalla olemustaan
heräämällä velkalankeemukseen

Se tavallinen tarina, jossa ei ole sankareita

Jää mies
kuvajainen, varjo
olutlasin vaahdossa

Näppäimillä

Aiemmin en oivaltanut
on paljon sanoja
joita tulee sanotuksi
ajatelleeksi ja kirjoittaneeksi

Sanojen lähteellä istun
tietokoneen ääressä
katsellen, näppäimiä

Kahleet ovat irrallaan
sanat valmiit lentämään
elämään

Ryystän mustaa kahvia
haukkaan palan ruisleivästä
muhennan sen hampaillani
olisiko siinä, aihe tarinaani

Istun elämän sylissä
miljoonien keskellä
sormet näppäimillä

Osa jotakin

Kiehutko elämäsi tuskaa
piruilun maustevettä hörppien
niin mustan pilven alla
ettet valonkajoa havaitse
vaikka avoimen oven kynnykseltä
alkaa onnellisten ajatusten maailma

Kun aikansa keittää myrkkylientä
sen voima haipuu, katoaa
tarvitaan voimakkaampaa tilalle
jotta se tehoaa
tosin, lopulta tuhoaa

ONKO SIINÄ ONNENMAA?

Kellun kuin korkki vedessä
aava ulappa edessä
hengitän helppoa elämää, salaa
ettei kukaan nää

Onhan se vallan tavatonta
suorastaan luvatonta
olla hyväntuulinen, myönteinen
iloinen ja hyvätapainen ja myöntää se
virheittensä keskellä

Mitä muuta kaipaankaan
kuin olla osa jotakin

Voihan itku

Harmistua saattaa kuka vaan
varsinkin kun muka hyvää tarkoittaen
kusetetaan
puhutaan poliittista puuta heinää
kansa kyykkyyn vaan ja vasten seinää

asunnoton nukkuu taivasalla
sosiaalipummi luksusasunnolla
valittaa tukien pienuutta
ruoan kehnoutta
ja maailman julmuutta
ympärillään teknisten vempainten
velkasoviteltu valtakunta

naapurin mummolla ei ole varaa puuroon
avunpyynnöt valuu äänettömään kuuroon
avustusten jakajaan
odottaa mummo turhaan
suihkuun saattajaa
rauhassa ei saa olla
kirkossakaan
kun kolehtiin viimeistä ropoa kinutaan

auta, auta, jumal'auta
kuihtuu mummo
kauhtuu käyttämätön vaihtopaita
kulkee pummit
suihkunraikkaina

Helppo elämä

Kellun mukavuuden
untuvapatjalla
odotan ja oletan
että kaikki eteeni kannetaan
laittamatta itse
tikkua ristiin ensinkään

Turhautunut olen
vaikka sossu täyttää
mun kukkaron
maksaa laskun maksamattoman
ja kaupunki asunnon

Nyt pololla odotan
että muukalaiset
tekevät nekin työt
mitä itse en viitsinyt
jaksanut
kehdannut
ja vievät nekin tuet
joista olen nauttinut

Saituri

Hän on
hän ei ole
hän joutuu olemaan

Mitenkä sen sanoisi
kauniisti ja hyväksyttävästi
ymmärrettävästi,
ilman taka-ajatuksia

Mukana vai ei

jälleen punnitaan
vapaamatkustajana mukaan pyrkivien rohkeus
asettua muiden joukkoon,
hyväksyä säännöt

Hän katsoo kaihoten varallisuuttaan
ei luopuisi äyristäkään
yhteiseksi hyväksi
edes tasavertaisuutta osoittaakseen

Ei hänen kuulu
hän ei osallistu
ottaa kun saa

Arvet

Sieluni arvissa
seikkailevat pirut parvissa
kiusat koittavat
jotta voittaisivat

Arpeni tyynenä kannan
hieman kipuillen
vaan vastaan rimpuilen
ennen kuin periksi annan

Tiedän, että katsot tarkkaan
osut sanoillasi arkaan paikkaan
rosoja avata yrität
likaamalla paikat pyhimmät

Ne pistävät puukkojen lailla
mollaajat aina uhria vailla
ihollani arvet eivät näy
sydän pelkää, mutta eteenpäin käy

Elämän vuoksi

Yhtä arpikudosta jo olen
paikoillani jalkaani poljen
kiukuttelen ja tilaisuudet missaan
ripustetaan arvet nuo samaan rissaan

Sisälläni arpien armeija
harvoin enää tuntuu kipuna
on yhtä turhaa väistellä
alankin takaisin veistellä

Hellästi viholliset kohtaan
lämpimät kääreen asetan ohtaan
lempeydellä vesitän verisimmät
rakkaudella tyhjimmät

Elämän vuoksi

Säitä pitää

Huomasitko
syksy on tullut
yön pimeä viipyy
päivän tulo siirtyy

olen rento kaali
räystään alla
sadetta paossa
niska kenossa
katson taivasta

Ukkonen saapuu
varis oksalla istuu
sulat sateessa räytyy
salamat välkkyy

olen ruttukaali
sadetakiton juoksija
läpeensä kastuja
niskat kumarassa
kotiin loikkimassa

Aamulla Päivällä Illalla Yöllä (nukun)

Kesähömppää

Kumikalossit
ei siis sellaiset kuin vaarilla oli
vaan "Kroksit", tiedät millaiset
sullakin oli

Laahustin maantietä
puuhollannikkaat jalassa
varpaita kivisti ja
naama irvisti

Haisaappaatkin kerran sain
kun kaupasta hain
lyhytvartiset ja muodikkaat
jaloille vihoviimeiset

Kevyeltä näytti tennareissa
valkoisissa nauhoissa
rusetit kuin tytöillä
kusetit

Santaalit miehen jalkaan
valkoiset urheilusukat
karvaset kintut
ja kaljamahan kellukkeen paljastava
t-paita

Elähän vielä
on purkkarit siellä
komeron perällä
    kokeilematta

Josko sittenkin
avojaloin rehvakkaasti
talsittais
pääsis tansseihinkin jos
ravatin kaulaansa laittais

Ehkä ei sittenkään
    sitäkään
vaan ihan vaan
nakuna
uimaan

Piiloon

Piti sanoa
olla viisas ja lohkaista
omalla huumorilla
Facebookissa

Toisen tontilla häärätä
kysellä ja epäillä
kyseenalaistaa tekemistä
esitetyn asian vierestä

Henkilökohtaisuuksiin puuttua
ulkopuolisiakin soimata
mustalla huumorilla
huonosti avautuvalla

Sait vastineen ja oikaisun
kommentin harkitun ja perustellun
kestänyt et totuutta
toisesta näkökulmasta

Facebookissa pätee tietty etiikka
ei muita saa loukata
heitellä kommentteja
asiattomia

Loukkaannuit omia sanoja
päätit poistua, piiloutua
kun ei ymmärretä
soimaajaa poloista

Aikuisuus on vastuunkantoa
uskallusta epäonnistua
myöntää virheensä
ja aloittaa alusta

Ihmisyys on ymmärrystä
erilaisuuden hyväksymistä
kohteliasta kanssa elämistä
mutta rehellistä

Mikään ei ole

Mikään ei ole
kunnes kuulen
ymmärtäen
tajuten
edes vähän

Sitä ennen
kellun
luullen
tietäväni kaikesta
kaiken

Vain vähän

Rikkautesi
linna sisälläsi
vuotaa
tuskan kyyneleitä
tihkuu
itsesäälin mahlaa
tahraten mielesi

Astu kanssani
tulevaisuuteen
ota
köyhyys
kumppaniksi
ja
rikkaudeksi
mieleesi

Verkko

Sydämeni sirkkelistä
suoltuu sanojen pätkiä
yllätyksettömiä
mitään sanomattomia
pelkkää puuta heinää

Prässään pätkät yhteen
herättelen tulkintaa
nukkuvaa

Laiskat massaa mutustaa
mukamas innoissaan

Leuat louskuu
ei mitään kuulu, vaikka
ääntä maailmaan mahtuu

Sirkkeli huutaen vingahtaa
sydämen totuuteen osuu
kohtalon verkkoon ajautuu

Epäoikeus
on kohtuuttomuudessaan
tuhoisa arvo

Yksikään kamu
ei toisesta välitä
loputtomasti

Vaatimattomuus
on huomaamaton ansa
unohdukselle

Hiljainen totuus
sydämeni muurilta
kotinsa löytää

*Eivät sanatkaan
totuutta aina kerro
tarvitaan teot*

Elämän vuoksi